# DECLARATION
## DE DEVX DOVBTES
### QVI SE TROVVENT EN
### COMPTANT LE IEV
### DE LA PAVME:

Lesquelles meritent d'estre enten-
duës par les hommes de
bon esprit.

## M. D. LXXIX.

# A MONSIEVR D'O,

SEIGNEVR DVDIT LIEV, DE
Maillebois, & de Bleuy: Capitaine
de cinquante hommes d'armes des
ordonnances, & Maiſtre de la Gar-
derobe du Roy: Capitaine & Gou-
uerneur pour ſa maieſté, des Ville
& Chaſteau de Caen.

ONSIEVR, l'homme
eſt cōpoſé de deux par-
ties principales, qui ſont
l'Ame & le Corps: Le
Corps eſt fait de terre,
d'eau, d'air, & de feu:
& eſt ſuſceptible plus ou moins, de chaleur,
de frigidité, d'humidité, & de ſiccité, & auſſi de pluſieurs autres accidents, tant exte-

A ij

rieurs qu'interieurs:dont les vns sont conue-
nables à sa sante, en luy aidant à se mainte-
nir & conseruer en son estre: Comme sont le
boire, le mãger, le repos, l'exercice, & le plaisir, estans accompaignez de raison & medio-
crité. Pareillement, le Corps humain est sub-
iect à vne infinité d'autres accidents, lesquels
luy sont contraires & ennemies, luy amei-
nent diminution de ses facultez luy appor-
tent finablement la ruine & destruction de
son estre : Comme sont les actions immode-
rees, les accidents violens tant internes qu'ex
ternes, les passions excessiues, & les mala-
dies. L'autre partie de l'homme est l'Ame, laquelle est trop plus noble que le corps, & plus
parfaicte : à raison qu'elle est cree immortelle
à la semblance de Dieu eternel:laquelle par-
ticipe plus des ciels & de la diuinité, que ne
faict le corps: Comme nous pouuons claire-
ment cognoistre, si nous considerons que le
corps humain est beaucoup plus petit que la
terre, toutesfois son ame est si excellente &

diuine, qu'elle peut facilement comprendre en
soy, & en son entendement, toute la machine
du ciel. Qui est vn argument treseuidēt, qu'elle est creée d'vne substance celeste, nõ pas ele-
mentaire & corruptible, comme est le corps.
Car vne chose corruptile est si foible au prix
d'vne incorruptible, & tant esloignee d'icelle
qu'elle ne la peut aucunement comprendre,
ne s'allier auecques elle : non plus que la nei-
ge se peut ioindre & incorporer auec des char
bons allumez. Et tout ainsi que le corps de
l'homme se nourrist & entretient, par le boire, par le manger, & par les autres choses cõ-
uenables à sa santé: L'ame par semblable rai
son se repaist, se rend plus belle, & se fait plus
noble en acquerant la vertu, & la cognois-
sance des choses excellentes & rares: lesquelles luy peuuent donner plaisir & contentemēt
toutes les fois qu'elle les voudra mettre en a-
uant, & en faire quelque discours. En quoy il
faut estimer, que le plaisir & contentement
de l'ame, est trop plus grãd en choses qui con-

A iij

siſtent en l'eſprit : que n'eſt pas le plaiſir ſenſuel du corps, aux voluptez corporelles : d'autant qu'elle eſt plus noble, & plus excellente
que le corps. Ce qui eſt bien facile à iuger, en
conſiderāt pour exemple deux perſonnes qui
regardēt vn tableau de painĉture excellem-
ment bien faiĉt, dont l'vne d'icelles cognoiſt
la perfection d'iceluy tableau, l'autre n'en
a que bien peu de cognoiſſance : Le perſonna-
ge qui cognoiſt l'excellence dudiĉt tableau
ha bien plus grand plaiſir à le regarder &
contempler que n'a l'autre qui le void, ſans
cognoiſtre l'execellence & perfection d'iceluy : Telle eſt la difference du plaiſir ſpiri-
tuel de l'ame, & du plaiſir ſenſuel du corps.
Car en ceſt exemple, la perſonne qui a grande cognoiſſance de ce tableau, repreſenté l'a-
me : & l'autre qui n'a pas tant de cognoiſſan
ce, denote le corps. Or eſt il ainſi ( Monſieur )
qu'en paſſant aupres d'vn ieu de paume puis
peu de temps, il me priſt fantaſie & deſir, de
chercher & entendre, la raiſon pourquoy

l'on compte ( de toute ancienneté) le ieu de la
paume par quinze, trente, &c. Et auſſi, ſça-
uoir que ſignifient iceux nombres du ieu de
la paume. Ie n'ay peu trouuer homme qui
m'en ait donné la raiſon. Mais apres y auoir
penſé ententiuement par diuerſes fois, ie l'ay
finablement trouuee par mes ſolitaires diſcours: Et d'autant ( Monſieur ) que ie ſçay,
que Dieu vous a doué de pluſieurs graces,
entre autres d'vne grande prudence, & bonne affection enuers toutes choſes qui depen-
dent de la vertu, & de la ſcience: Pour ceſte
cauſe, i'ay pris la hardieſſe, vo' faire preſent
de ceſte recherche que i'ay faicte ſur le ieu de
la paume:  de laquelle la cognoiſſance eſt autant rare, comme le ieu de la paume eſt com-
mun & vulgaire. I'eſpere que voſtre noble &
excellent eſprit , prendra grãd plaiſir d'ẽten-
dre ceſte belle & antique inſtitution: d'autãt
que la raiſon en a eſté ſagement trouuee , &
accõmodee, par les anciens, & incogneue (cõme i'eſtime) par les modernes iuſques à preſẽt.

A   iiij

Monſieur, ie vous prie de receuoir ce pe
tit diſcours auſſi humainement: comme ie le
le vous preſente de bon vouloir, & humble
affection: en ſuppliant Dieu tresbon, vous
donner accompliſſement de vos bons deſirs.


Voſtre humble ſeruiteur & amy,
GOSSELIN, Garde de la Li-
brairie du Roy.

# DECLARATION DE
## DEVX DOVBTES, QVI SE

*trouuent en comptant le ieu de la paume,*
*lesquelles meritent d'estre entendues par*
*les hommes de bon esprit.*

ICERON Orateur,
non moins sage qu'e-
loquent, nous a laissé
par escrit, vne sentence
digne d'estre entendue
& obseruee par toute personne qui
veut viure selon la raison:Laquelle dit
qu'il conuient vser du ieu qui se faict
par l'exercice du corps, & du ieu qui
consiste en parolles ioyeuses,tout ainsi que l'on ha coustume d'vser du dormir. Or est il ainsi que nous vsons du
dormir, pour restaurer, & renforcer
les vertus de l'esprit & du Corps, quád
elles sont trauaillees, & affoiblies, par

A v

la veille, ou quelque labeur precedent:
Par semblable raison, le ieu qui se faict
opportunément & prudemment par
l'exercice du corps, est tref-conuena-
ble pour conseruer la santé du corps,
& la vigueur de l'esprit. Car l'exercice
du ieu deuëment faict comme dit est,
eschauffe le corps & les mébres, purge
les humeurs superfluës & estranges, en
les faisât éuaporer, fortifie les facultez
naturelles, esclarcist & resiouist l'esprit : En telle maniere que l'homme
qui sçait choisir certain ieu d'exercice
honneste: & en vser sagement, en vaut
beaucoup mieux, tant pour sa santé
corporelle, que pour la viuacité de son
esprit. On peut alleguer à ce propos,
Galien excellent Medecin, lequel ha
grandement recommandé par ses es-
cripts, le ieu de la petite pile : comme
estant entre les ieux d'exercice, le plus
conuenable qui soit, pour entretenir

& garder la santé de l'homme. Surquoy aucuns veullent dire, que Galien
entendoit parler du ieu de la balle: Les
autres tiennent, que c'estoit vn tel ieu,
qu'est le ieu de la paume, dont nous v-
sons encores auiourd'huy : mais nous
ne sçauons si on comptoit ledict ieu
de Galien, ainsi cōme nous comptons
le nostre de toute memoire d'hōme.
Certainement (quelque chose qu'il en
soit ) c'est vn exercice fort recreatif
pour l'esprit, & vtile pour la santé du
corps: Ie m'en rapporte, au iugement
de ceux qui y sçauēt trop mieux iouer
que moy. Mais ie trouue en nostre ieu
de la paume, deux doubtes, ou peu
d'hommes de nostre temps ont prins
garde: mesmement quelques vns des
plus excellents ioueurs, ont passé par
dessus, sans s'en enquerir plus auant.
Et si ie n'ay peu trouuer personne, qui
m'en ait donné suffisante resolution:

Toutefois i'espere par la grace de Dieu
en donner presentement de si bonnes
raisons, qu'icelles doubtes seront tota-
lement esclarcies & entendues.

La premiere doubte, que l'on peut faire sur le ieu de la paume est, sçauoir
pourquoy on compte le ieu de la paume en augmentant le nóbre par quin-
zaines, comme quinze, trente, quarante cinq, & puis vn ieu, qui vaudroit
soixante, plustost que de compter par
quelque autre nombre, plus petit, ou
plus grand. La seconde doubte est entendre, & cognoistre, quelle espece
de mesure, signifient iceux nombres
quinze, trente, & les autres. Veritable-
ment, puis que les chasses & coups de
paume des deux parties , qui ioüent
l'vne contre l'autre, se considerent en
longueur l'vne au pris de l'autte : à fin
de voir & sçauoir laqlle desdites chasses excede l'autre : Et que telle difference

rence ou exces, eſt touſiours eſtimé,
valoir quinze, ſelon la couſtume or-
dinaire du ieu: Il eſt vray ſemblable,
que les dicts nombres quinze, trente
quarante cinq & vn ieu, ſignifient
quelque certaine meſure cogneue par
les hommes, qui ont premierement
practiqué le ieu de la paume, en la maniere que nous le iouõs au iourd'huy.
Pour reſoudre ces deux Doubtes par
vn meſme moyen, il faut premierement eſtimer, que ceux qui ont mis en
vſage, ceſte manierede cõpter le ieu de
la paume, par quinze prins quatre fois
cõme dit eſt n'ont point choiſy ce nõ-
bre de quinze, entre pluſieurs autres,
ſans quelque bonne raiſon. Certainement, ils euſſent peu auſſi bien pren
dre quelque autre nombre plus petit,
lequel eſtant ainſi pris quatre fois, euſt
eſté plus aiſé à compter, que ne ſont
quinze : & euſt auſſi bien valu vn ieu

comme quinze prins quatre fois. Or
les hommes doctes en Aſtronomie,
cognoiſſans bien qu'vn Signe Phiſic
(qui eſt la ſixieſme partie d'vn cercle)
eſt diuiſé par imagination, en ſoixante
Degrez: chaſque Degré en ſoixante minutes, chaque minute en ſoixan-
ſecondes: ſuiuant ceſte raiſon ſexage-
naire peuuent dire, que la maniere de
compter le ieu de la paume, a eſté in-
ſtituee ſuiuant icelle raiſon ſexagenai-
re & à l'imitation d'vn Signe Phiſic.
Car quinze Degrez prins quatre fois,
vallent vn Signe Phiſic: tout ainſi que
quatre fois quinze vallent vn ieu de
la paume: & quatre ieux vallent vne
partie entiere ſelon la couſtume de
France. Mais il ſe trouue vne deffaute
en ceſte cóparaiſon, d'autát que quatre ſignes Phiſics, ne vallent pas vn cercle entier tout ainſi que quatre ieuz de

la paume vallent vne partie complete.
Ioinct aussi que, ceux qui iouent à la
paume, ne s'amusent pas tant à contempler le ciel: comme ils trauaillent,
à frapper & chasser l'esteuf, ou à le ren-
uoyer . Partant que ceste raison
n'est pas entierement suffisante : Il
nous en faut chercher vne meilleure,
parmy les mesures Geometriques, qui
ont eu cours, tant enuers les anciens,
que les modernes: affin de sçauoir, s'il
se trouue point entre icelles , quelque
nombre & mesure, ausquels se r'ap-
porte proprement , icelle raison de
compter le ieu de la paume . Surquoy
il conuient premierement entendre
que les anciens Geometriques: Comme il appert par les escrits de Varo,
Pline, & autres auteurs . Desquelles
mesures i'ay icy mis ce recueil le plus
fidelle qui m'a esté possible.
Vn doigt, vaut quatre grains.

Quatre doigs, vallent vne Paume.

Quatre Paumes. ou douze doigts. } vallent vn Pied.

Pied & demy vallent vne Coudee.

Deux pieds & demy, vallēt Demy pas.

Cinq pieds, vallent vn Pas.

Cent vingt cinq pas, vallent vn Stade.

Huict Stades, vallent vn Miliaire.

Deux Miliaires, vallent vne Lieuë.

Vne Toise dicte en Latin *Hexapeda*, ha six pieds de longueur.

Vne Perche, dicte en Latin *Decapeda*, ha dix pieds de longueur.

Vne Perche vulgaire en France, ha 18. pieds; ou 20. ou 22. ou 24.

Vn Arpent, ha dix perches de lon-gueur, & autant de largeur.

* Vn Climat, ha soixante pieds de lon-gueur, & autant de largeur.

Vne Attellee, dicte en Latin *Actus*, ha deux Climats de longueur, & autant de largeur.

⋆ Vne iournee ou iugere dicte en Latin *Iugerum*, ha deux Attellees de longueur & vne de largeur.

Iay trouué en examinant diligemmét
toutes les mesures susdictes, Que la
raison de compter le ieu de la paume,
conuient fort proprement auecques
la raison du nombre, & de la mesure
du Climat, & du Iugere. Et ie m'asseu-
re, que l'origine du nombre du ieu de
la paume vient de la. Car *Clima* signifie Region, Plage, Traict, Segment,
Costeau, Eschelle, Difference de de-
mie heure du plus long iour d'esté entre deux regions. Il signifie aussi (comme dit est) vne mesure Geometrique
ayant soixante pieds de longueur, &
autant de largeur. La longueur d'vn
Climat prins en ceste signification,
est naifuement representee à qua-
trefois, par les nombres d'vn ieu de
la paume : Car quand nous gaignons

vne chaſſe, ou vn coup d'eſteuf, nous
comptons quinze, enquoy il faut entendre, que ce ſont quinze pieds : qui
font la quarte partie d'iceluy Climat.
Pareillement, en gaignant deux coups
nous comptons trente, ou il conuient
entendre, que ce ſont trente pieds.
Semblablement, quand nous gaignós
trois coups, nous comptons quarante
cinq: c'eſt à dire, quarante cinq pieds.
Et finablement, en gaignant quatre
coups d'eſteuf, nous gaignons vn ieu,
ou bien vn Climat, lequel ha ſoixante
pieds de lógueur. Quand à la Biſquaie,
demy quinze, & ſemblables diminu-
tions, i'eſtime qu'ils ont eſté inuentez
& adiouſtez, apres que le ieu de la paume a eſté en vſage parmy les hommes. Il conuiét auſſi noter, que ſi nous
vouliós compter deux ieux pour chaque partie comme comptét quelques
nations eſtrangieres, ce ſeroient deux

Climats pour partie, qui valét vne Attellee ou Demy iugere:Mais nous paf-
fons plus outre,&cóptons quatre ieuz
pour chafque partie: lefquels font la
longueur d'vn Iugere de terre , ayant
deux cens quaráte pieds de lógueur &
cent vingt de largeur. C'eft vne iournee de deux beufs, c'eft à dire,autát de
terre qu'ils peuuent labourer en vn
iour. Il eft dóques bien manifefte par
les raifons cy deffus declarez . Que les
nombres du ieu de la paume, repre-
fentent les quatre quarts d'vn Climat:
en comptant quinze pour chafque
quart.Et que iceux nombres du ieu de
la paume fignifient pieds.Semblable-
ment qu'vn ieu de la paume denote
vn Climat:Pareillement qu'vne partie
gaingnee à la paume fignifie vn Iugere, en mefurant chacun d'iceux fe-
lon la longueur feulement: Car les
chaffes & coups d'efteuf fe mefurent

selon leur longueur, & non pas selon
leur largeur. Parquoy, ie concluz que
les deux doubtes du ieu de la paume
cy deuant proposees sont suffisam-
ment declarees & esclarcies . Ce que
nous auions proposé de faire.


DEO GRATIAS.